AF359123

DISSERTATION

HISTORIQUE ET POLITIQUE

SUR

L'OSTRACISME ET LE PÉTALISME.

DISSERTATION

HISTORIQUE ET POLITIQUE

SUR

L'OSTRACISME ET LE PÉTALISME.

Par L. A. LEGRAND DE LALEU,
Membre associé de l'Institut National, et
Professeur de Législation de l'École centrale
du Département de l'Aisne.

Lue à l'Institut National.

Les républiques ont donc aussi leurs lettres-de-cachet.
PASTORET, *des lois pénales.*

A PARIS,

DE L'IMPRIMERIE D'ÉGRON,
RUE DES NOYERS, Nº. 24,

Et se trouve chez les Marchands de Nouveautés.

An VIII.

AVERTISSEMENT.

LA naissance de cet ouvrage n'est point du tout le fruit des circonstances. Je l'avois composé en 1790. J'en ai fait plusieurs lectures en 1791 et 1792, dans les séances publiques et particulières de la société des Neuf-Sœurs, dont j'étois membre. L'ouvrage étoit distribué en plusieurs titres. Je les ai supprimés en le resserrant. J'ai rejeté dans les notes la discussion de quelques points d'érudition qui se trouvoient dans le texte. J'ai transposé quelques phrases ; j'en ai retranché d'autres dont la seule remarquable alors étoit celle-ci : « L'ostracisme n'est » dans la réalité qu'un poison politique.... » qui tuera à sa naissance, si l'on n'y prend » garde, la nouvelle liberté française ». J'ai aussi choisi une autre épigraphe, mais tirée du même auteur qui m'avoit fourni la première que je cite à la fin de cette dissertation.

Les autres changemens ne touchent point au fond des choses. La seule addition que j'aie faite à cet ouvrage consiste dans le morceau qui le termine. J'ai rappelé deux noms bien chers à la patrie et aux lettres. Mais je n'avois pas besoin d'une révolution nouvelle pour en parler. Il est vrai que ce n'est que depuis le 18 brumaire que j'ai fait deux lectures de cette dissertation à l'Institut National. Mais je l'avois lue déjà telle qu'elle existe, dans une séance publique qui eut lieu à Soissons, le 1er. brumaire, pour l'ouverture des cours de l'École centrale. J'ai su depuis qu'il étoit parti à ce sujet quelques dénonciations contre moi. Je n'en rechercherai pas les auteurs : je suis assez vengé par leur impuissance.

DISSERTATION

HISTORIQUE ET POLITIQUE

SUR

L'OSTRACISME ET LE PÉTALISME.

Lorsque le peuple romain portoit en pompe au Capitole les grands capitaines qui étendoient au loin son empire et leur nom célèbre, les honneurs qu'il leur rendoit sembloient tellement les approcher des Dieux, qu'il falloit bien en tempérer l'ivresse par quelque utile et mémorable leçon qui leur rappelât, au milieu de leur gloire, le sort périssable des choses humaines. Entre les trophées de la victoire étoient suspendus les instrumens de l'ignominie et de la dégradation, avertissemens salutaires de cette constante instabilité ; et tandis qu'un concert de louanges environnoit de toutes parts le triomphateur, on voyoit placé sur le même char où il étoit assis, un esclave chargé de

A

lui faire entendre ces paroles : Souvenez-vous que vous n'êtes qu'un homme (1).

Chez les peuples de la Grèce, un usage moins moral, mais pourtant fondé sur des principes d'égalité politique, avertissoit ceux qui étoient au timon des affaires que la plus belle destinée est sujette à des revers auxquels le sage doit toujours s'attendre pour ne point s'en laisser ébranler. En vain le grand homme, en vain l'homme juste avoit-il bien mérité de sa patrie, en vain de jour en jour s'élevoit-il à des actes de vertu plus sublimes encore ; on craignoit bientôt celui qu'on avoit à louer trop souvent : services passés, services présens, services à espérer pour l'avenir, rien ne pouvoit le garantir d'un arrêt foudroyant qui, du sein des orages populaires, éclatoit sur sa tête en ces mots : Sortez de la présence d'un peuple ingrat que vous avez servi ; fuyez des hommes qui rougissent à votre aspect ; fuyez ceux qu'une vertu constante humilie.

---

(1) Zonaras in Camillo. Bulengerus de Triumphis, cap. 31, de Triumphante apud Gronov. tom. 2, pag. 942.

Je vais parler de l'ostracisme.

Le mérite qui sépare de la foule étoit un titre chez ces Grecs soupçonneux pour priver un citoyen nécessaire à sa patrie de l'honneur de la servir. Trop de crédit, de richesses et de vertu portoient ombrage à la liberté ou à l'envie. Dix ans d'exil punissoient ce crime (2). Telle étoit la loi de l'ostracisme ; c'est toute la définition de la chose (3).

Cependant le bannissement par l'ostracisme n'étoit pas aussi rigoureux dans ses

---

(2) Leg. Attic. lib. 4 , tit. 9.

(3) A l'égard du nom, il vient d'un mot grec qui signifie écaille ou coquille, soit que la matière du bulletin sur lequel on écrivoit le nom de celui qu'on voulait bannir, fut en effet une coquille, ou une petite pierre ou brique, ou seulement une écorce ; car ce mot est susceptible de toutes ces diverses interprétations sur lesquelles les savans sont partagés. Mais l'épithète, *fléau d'argile,* que d'anciens auteurs joignent à ce mot, paroît en déterminer le véritable sens à la seule signification d'un morceau de terre cuite, ayant la forme d'une écaille ou coquille, et c'est l'idée qu'en donne le mot latin *testula ,* par lequel les latins l'ont traduit. *Mémoires de l'académie des belles-lettres, tom.* 12 *, pag.* 146.

effets que l'exil proprement dit. D'abord il n'emportoit aucune note d'infamie ni confiscation de biens (4), ce qui étoit une suite inséparable de l'exil. En second lieu, le bannissement par l'ostracisme avoit un temps limité que la loi fixe d'une manière précise à dix ans (5). L'exil au contraire ne laissoit au condamné aucun espoir de retour. La durée du ban de l'ostracisme ne pouvoit se prolonger au-delà du terme fixé par la loi, mais elle pouvoit être abrégée. Aristide et Cimon furent rappelés avant l'expiration de ce terme (6). D'une autre part, il n'est pas vrai, ce que prétendent quelques érudits modernes (7), d'après le scholiaste d'Aristo-

---

(4) Plutarch. in Aristide.

(5) Leg. attic. lib. 4 , tit. 9.

Diodore de Sicile, *lib.* 11 , restreint la durée du bannissement par l'ostracisme à cinq ans, et Joachim Etienne, *de jurisd. vet. græc. cap.* 12, l'étend jusqu'à quinze ; mais ils sont évidemment dans l'erreur, la loi est positive, et ce que dit ici Diodore de Sicile n'est applicable qu'au pétalisme.

(6) Plutarch. et Corn. Nep. in Aristide et in Cimone.

(7) Hoffman , lexic. *v. ostracismus.* Joach. Steph. de jurisd. vet. græc. cap. 12. Jos. Laurent de repub. cap. 7.

phane (8), que celui qui étoit banni par l'ostracisme ne pût respirer que dans le lieu qui lui étoit assigné pour sa retraite. Thucydide nous apprend que Thémistocle, résidant à Argos pendant le temps de son bannissement, ne laissoit pas cependant que de faire de très-fréquens voyages dans toutes les autres parties du Péloponèse (9).

Si le bannissement par l'ostracisme avoit quelque chose de plus doux que l'exil dans ses effets, il est vrai de dire pourtant que la manière de procéder à la condamnation présentoit dans l'un un mode de terreur que n'avoit pas l'autre. S'agissoit-il de l'exil ? le jugement ne pouvoit être prononcé que suivant les formes légales, après avoir entendu contradictoirement l'accusateur et l'accusé. L'exil ne poursuivoit, ne flétrissoit que le vice. Mais s'agissoit-il d'écarter par l'ostracisme un grand homme dont l'éclatante supériorité frappoit trop vivement les yeux éblouis du vulgaire fatigué de l'admirer ?

---

(8) Schol. Aristoph. *ad Vespas.*

(9) Thucyd. lib. 1.

on n'entendoit ni accusation ni défense (10). Le jugement étoit rendu sans formalités, et la condamnation ou l'absolution purement arbitraire dépendoit du caprice d'une assemblée qui, dans le tumulte, ne consultoit que l'intérêt de sa passion. L'ostracisme n'attaquoit, ne frappoit que la vertu.

L'ostracisme n'existoit pas seulement à Athènes, mais encore à Argos (11), à Milet (12), à Mégare (13), à Ephèse (14), à Samos (15), à Chio (16), à Lesbos (17); et il y a lieu de croire qu'il étoit en usage dans toutes les villes de la Grèce qui étoient gouvernées démocratiquement (18). Sparte même dont la constitution étoit différemment nuancée dans la distribution des pouvoirs publics, Sparte citée comme un modèle

____

(10) Discours d'Andocide contre Alcibiade.
(11) Schol. Aristophan. *ad Equites.*
(12) Schol. Aristophan. *ad Equites.*
(13) Schol. Aristophan. *ad Equites.* Cicer. *Tuscul.*
(14) Pfeiffer. ant. græc. lib. 2, cap. 19.
(15) Aristot. Polit. lib. 3, cap. 13.
(16) Aristot. Polit. lib. 3, cap. 13.
(17) Aristot. Polit. lib. 3, cap. 13.
(18) Aristot. Polit. lib. 3, cap. 13.

de sagesse et de vertu, Sparte ne fut pas exempte de cette tache ; ce fut une sorte d'ostracisme qui la priva de Lycurgue (19).

Ce fut aussi à l'exemple des Grecs que les Syracusains introduisirent chez eux le pétalisme, dont le nom vient de ce que le bulletin sur lequel chaque citoyen écrivoit son suffrage en ce cas étoit une feuille d'olivier, au lieu d'un morceau de terre cuite qui avoit la forme d'une coquille dont se servoient les Athéniens (20).

Il paroît d'après un discours d'Andocide, qui étoit contemporain d'Alcibiade, que déjà depuis long-temps l'ostracisme étoit tombé en désuétude dans les autres républiques de la Grèce, lorsqu'il subsistoit encore à Athènes (21). Il n'est pas indifférent de rechercher comment chez un peuple aussi éclairé, un usage qui choque toutes les idées

(19) Valer. Max. lib. 5, cap. 3.

(20) Diod. Sicul. lib. 11. Hesychius, *v. Petalismus*. Pseiffer. antiq. græc. lib. 2, cap. 19. Hoffman, *v. Petalismus*.

(21) Discours d'Andocide contre Alcibiade.

d'équité naturelle et d'une saine morale, a pu se conserver si long-temps.

L'ostracisme chez les Athéniens, dont l'institution remonte à Thésée (22) qui en

---

(22) Les auteurs ne s'accordent point sur l'origine de l'ostracisme. Théophraste, Eusèbe, le scholiaste d'Aristophane en attribuent l'institution à Thésée, qui en fut le premier objet. Valère Maxime paroît être aussi de cet avis. D'autres prétendent que son établissement n'est pas antérieur à la tyrannie de Pisistrate. Diodore de Sicile dit formellement que cette loi n'eut lieu qu'après l'expulsion des Pisistratides. C'est aussi l'opinion d'Aristide le sophiste. Elien désigne Clisthène comme en ayant été l'auteur et la première victime. Héraclide nomme Hippias. Plutarque, Harpocration et Suidas veulent que ce soit Hipparchus, fils de Charmus, du bourg de Cholarge, parent du tyran Pisistrate. Suivant Ptolomée Héphestion, ce fut un certain Achille, fils de Lison. *Theophrast. in polit. Euseb. chron. part. poster. ad annum* 789. *Schol. Aristoph. ad Plutum. Val. Max. lib.* 5, *cap.* 3. *Aristid. orat. Platon.* 2. *Ælian. de Var. histor. lib.* 13. *Heraclid. de polit. græc. Plutarch. in Nicid. Harpocration,* v. Hipparchus. *Suid. lexic.* v. Ostracismus. *Ptolem. Hephæst. lib.* 6.

Parmi les savans plus modernes, on voit Maussacus, Eustathius, Hoffman, qui tiennent pour le

fut la première victime, devenu plus fréquent après l'expulsion des Pisistratides, fut assujetti à quelques formalités qui en tempérèrent l'abus.

---

sentiment d'Eusèbe. Mais ils sont contredits par Scaliger, Hesychius, Vindingius, Sigonius et Meursius. Potter et Samuel Petit rapportent les différentes opinions, sans se décider pour aucune. Geinoz adopte celle qui fixe l'établissement de la loi après que les Pisistratides furent chassés d'Athènes. L'auteur des lois pénales paroît aussi la préférer. *Maussac. ad Harpocration. Eustath. ad Hom. Iliad. Hoffman, Lexic. Scaliger ad Eusebium. Hesychius, Lexic. Erasm. Vinding. Hellen. Carol. Sigon. de rep. Athen. lib. 1, cap. 5, et lib. 2, cap. 4. Joan. Meurs. Pisistratus. Potter. Archæotog. græc. Sam. Petit. comment. in leg. attic. lib. 4, tit. 9. Mémoires de l'ac. des belles-lettres, tom. 12. Pastoret, des lois pénales, part. 4. pag. 60.*

Quant à moi, je crois que l'une et l'autre opinion peuvent se concilier. Je pense bien que Thésée fut en effet le premier exemple célèbre de l'ingratitude des Athéniens, et que déjà l'ostracisme existoit de son temps, mais que peu en usage dans les commencemens, il n'acquit une véritable consistance qu'à l'époque de l'expulsion des Pisistratides; et Geinoz ne parait pas trop s'éloigner de cette explication. *Mém. de l'acad. des bel. lett. tom. 12, pag. 149 et 150.*

Les dix tribus n'opinoient pas ensemble. Chacune avoit une porte différente qui lui étoit assignée pour se rendre au lieu de l'assemblée (23). Chaque citoyen en entrant

----

(23) Quelque temps avant la convocation du peuple pour cet objet, on circonscrivoit une partie de la place publique par des tentes dressées autour, ou plutôt on y pratiquoit avec des ais un enclos auquel on laissoit dix portes, dont une pour chaque tribu. *Jul. Pollux. onomast. lib.* 8, *cap.* 5.

Tzetzès, *Chiliad.* 13. s'est trompé à cet égard, en mettant le lieu de l'assemblée dans le cynosarge, et encore en ne portant qu'à mille le nombre des suffrages nécessaires pour le ban de l'ostracisme. Les autorités les plus accréditées le combattent. *Plutarch. in Aristid. Jul. Poll. onomast. lib.* 5, *cap.* 5. *Scholiast. Aristoph. ad equites.*

Une autre erreur à relever, qui n'est pas moins considérable, c'est celle dans laquelle sont tombés Thysius, *de rep. athen. discurs polit.* et **Ubbo Emmius**, *descrip. reipub. athen*, lorsqu'ils ont prétendu qu'il n'y avoit que les citoyens âgés de soixante ans qui eussent droit de suffrage en cette occasion. Toutes les raisons alléguées par Goinoz pour réfuter cette opinion me paroissent très-solides. Il se fonde d'abord sur le combat qui exista entre les jeunes gens et les vieillards au sujet d'Alcibiade et de

recevoit un bulletin, et après avoir écrit le nom de celui qu'il vouloit bannir, déposoit

---

Nicias, menacés tous deux de l'ostracisme ; d'où il conclut, comme une conséquence nécessaire, que les jeunes gens avoient ici le même droit que les vieillards. Il s'appuie ensuite sur ce que la ville d'Athènes n'étoit ni assez étendue ni assez peuplée pour compter six mille citoyens de l'âge de soixante ans ; et enfin quand elle les auroit eus, il auroit fallu pour que la loi de l'ostracisme eût son effet, que les suffrages ne fussent jamais divisés, ce qui me paroît, comme à lui, choquer toute vraisemblance. *Mém. de l'acad. des belles-lettres, tom.* 12. *pag.* 147 *et* 148.

Il reste encore à remarquer une diversité d'opinions entre les savans sur le nombre de voix que j'ai dit devoir être de six mille pour condamner un athénien au bannissement porté par la loi de l'ostracisme. En quoi je ne fais que suivre le sentiment de l'académicien que je viens de citer. Samuel Petit pense différemment ; il veut que le nombre de six mille se rapporte seulement à la quantité des votans qui devoient composer l'assemblée, et non pas à la quantité des suffrages nécessaires pour former le jugement. Potter et Sigonius semblent l'insinuer ainsi. Je ne puis être de leur avis, et j'adopte, sans difficulté, celui de Julius Pollux, et du scholiaste d'Aristophane, sur l'autorité desquels Geinoz s'est

son scrutin dans le lieu destiné pour le recevoir. Les archontes et le sénat étoient les
présidens et les scrutateurs de l'assemblée.
Si, par le résultat du scrutin, il se trouvoit
un citoyen qui eut contre lui la pluralité
des suffrages telle qu'elle étoit requise par
la loi, il étoit obligé de quitter la ville pour
dix ans, et il n'avoit que dix jours pour en
sortir. Mais il falloit une pluralité absolue
de six mille voix, et ce nombre n'étoit pas
toujours facile à réunir, par la précaution
prise d'isoler les tribus au moment de voter,
ce qui les empêchoit de concerter leurs suffrages. D'une autre part, les vieillards et les

---

lui-même appuyé. Je m'y détermine surtout par
cette raison, qu'en exigeant un si grand nombre
de voix pour que la loi de l'ostracisme reçût son
exécution, il me paroît que c'étoit employer le seul
remède qui pût jusqu'à un certain point corriger,
en les rendant moins fréquens, les abus de cette
loi déjà assez mauvaise par elle-même. *Mém. de
l'acad. des belles-lettres, tom. 12, pag. 147. Sam.
Petit. comment. in leg. attic. lib. 4, tit. 9. Potter.
archæolog. græc. Car. Sigon. lib. 2, cap. 4. Jul.
Poll. onomast. lib. 8, cap. 5. schol. Aristoph. ad
Equites.*

jeunes gens n'étoient pas toujours d'accord ; et c'est ce qui sauva Nicias et Alcibiade , qui se servirent dans cette occasion d'un stratagème assez adroit dont je parlerai tout à l'heure.

Enfin, l'on ne procédoit au ban de l'ostracisme à Athènes qu'à certaines époques fixes et assez éloignées les unes des autres (24), et il falloit que la liberté fût dans une apparence de danger. Or, dès que l'ostracisme ne devoit s'exercer que contre un grand personnage capable d'inspirer de la crainte à ses concitoyens, on sent que ce ne devoit pas être une affaire de tous les jours (25). Une autre raison encore en rendoit l'exercice plus rare ; c'est qu'on ne pouvoit bannir ainsi que dans des assemblées

---

(24) Montesquieu, *Esprit des Lois, liv.* 29 , *ch.* 7, en parlant d'Athènes , veut que l'ostracisme n'ait pu y avoir lieu que tous les cinq ans. Je ne sais d'où il a tiré ce fait. Les lois d'Athènes ne le disent pas. Plutarque , *in Niciá*, assure qu'on n'y procédoit qu'à certains intervalles de temps , mais il ne les détermine pas.

(25) Montesquieu, *Esprit des Lois* , liv. 29, ch. 7.

générales du peuple. Or, l'état devoit inces-
samment périr, si de telles assemblées eussent été fréquentes ; car s'il est vrai qu'un
peuple qui ne peut jamais s'assembler ne
jouisse pas de la liberté, il est vrai de dire
aussi qu'il ne péut pas la conserver, s'il est
obligé de s'assembler souvent. Ces sortes
d'assemblées si utiles et si salutaires, lorsqu'elles sont rares, et qu'elles se bornent
aux seuls objets à la portée du peuple, ne
sont plus, dès qu'elles viennent à se mul-
tiplier, qu'une occasion pour l'ambitieux
adroit de marcher sûrement à la tyrannie,
en affectant la popularité. Il vient à bout
de s'emparer de la confiance, et d'écarter ses
rivaux. Le peuple ne voit pas le piége, il
dort sur sa liberté, il se réveille esclave, il
veut briser ses fers, il n'est plus temps.

J'en dis assez pour qui peut m'entendre ;
j'en dis trop pour qui ne veut pas en profiter.

Ce ne furent point les inconvéniens de
l'ostracisme qui portèrent les Athéniens à
l'abolir. Ce peuple, plus jaloux encore du
mérite de ceux qui le servoient qu'attaché
à sa liberté même, ne pouvoit facilement

perdre cette consolation de l'envie (26); mais ce que la raison auroit tenté en vain, le ridicule le fit.

Il y avoit à Athènes un fort méchant homme, nommé Hyperbolus, qui n'avoit aucune considération (27), et qui étoit l'objet ordinaire des railleries et des sarcasmes des poëtes comiques de son temps. Cet homme avoit la plus mauvaise réputation, il s'y étoit endurci, et par une extinction parfaite de tout sentiment d'honneur, l'infamie ne faisoit que glisser sur son âme. Il prenoit pour hardiesse et fermeté de courage ce qui n'étoit que l'effronterie et l'impudence du vice, et son insolence n'étoit rachetée par aucunes bonnes qualités. Quoiqu'il ne plut à personne, le peuple ne laissoit pas de s'en servir bien souvent pour susciter des affaires aux personnages les plus distingués qu'il aimoit à avoir occasion d'humilier (28). La ville se trouvoit alors partagée entre les deux partis d'Alcibiade et de Nicias

(26) Plutarch. in Alcibiad.
(27) Thucyd. lib. 8.
(28) Plutarch. in Alcibiad.

qui avoient toute l'autorité. Le premier, par sa fierté et son audace, irritoit ceux qui étoient déjà blessés par le déréglement de ses mœurs ; l'autre, odieux par ses richesses, l'étoit encore devenu davantage par son opposition constante et peu ménagée envers les injustes caprices de la multitude, qu'il forçoit souvent à revenir malgré elle aux avis les plus utiles. Alcibiade, par ses inclinations guerrières, plaisoit beaucoup à la jeunesse d'Athènes. De son côté, Nicias avoit pour lui tous les vieillards amis de la paix. Dans cette lutte entre les deux partis, le ban de l'ostracisme paroissoit inévitable pour celui des chefs qui succomberoit sous l'effort de la faction contraire. Hyperbolus crut pouvoir profiter de cette circonstance pour s'élever et succéder au crédit de celui qui seroit banni. En conséquence il ne cessoit d'exciter le peuple contr'eux ; mais il en fut lui-même la dupe. Alcibiade et Nicias s'étant apperçus de ses menées, se donnèrent secrètement le mot, et ils réunirent leurs factions, en sorte que le ban de l'ostracisme tomba sur Hyperbolus. Le peuple d'abord n'en fit que rire ; mais bientôt après il en eut une telle honte qu'il abolit l'ostracisme comme ayant été dégradé, avili, en tombant sur un sujet si indigne (29), qui, déjà flétri par les mœurs, méritoit plutôt un châtiment exemplaire qu'une condamnation honorable dont il pût tirer vanité, et qui n'avoit été établie que pour les plus grands hommes (30).

Ainsi l'ostracisme prit fin à Athènes, parce que l'abus qu'on en fit contre un homme sans mérite se trouva directement opposé à l'esprit du législateur (31).

A Syracuse, quoique la loi qui établit le pétalisme eût restreint le bannissement à cinq ans au lieu de dix ans, l'usage en fut aboli beaucoup plutôt, parce qu'on lui avoit donné une telle extension qu'on ne tarda pas à s'appercevoir par ses effets du danger qui menaçoit l'état, si on la faisoit subsister plus long-temps. En effet lorsque les principaux citoyens se furent bannis les uns les autres, tous ceux qui restèrent, et qui avoient quelque mérite et quelque crédit,

---

(29) Plutarch. in Niciâ.

(30) Plat. comic.

(31) Montesquieu, *Esprit dse Lois*, liv. 26. ch. 19.

B

dans la crainte d'un pareil sort , prirent le parti de se retirer pour se livrer aux douceurs de la vie privée ; et la chose publique alla comme elle put , abandonnée aux premiers intrigans qui s'en emparèrent pour changer tout , brouiller tout , en sorte que la ville ne cessa d'être en proie aux dissensions et aux séditions de tous les factieux qui avoient intérêt d'y semer le trouble. Une foule d'impertinens et ineptes discoureurs s'avisa de vouloir exclusivement conduire le peuple. Il ne falloit que parler avec subtilité et avec hardiesse pour dominer dans les assemblées : ce qui fit que l'art du sophiste devint l'unique étude et le seul exercice de la jeunesse. Au lieu de cette antique éducation qui ne tendoit qu'à inspirer le goût de ce qui est juste et honnête , on vendoit à prix d'or les leçons les plus immorales ; l'amour du luxe avoit éteint tout sentiment de vertu ; on tenoit publiquement école du vice. Tout alloit au gré des passions. Chacun pouvoit impunément grossir sa fortune par les voies les plus illicites. Mais la justice et la concorde , seules richesses véritables , étoient bannies ; et nul ne s'intéressoit assez à la chose publique pour les rappeler, tant étoit grande l'insouciance du bien produite par une loi qui proscrivoit toutes les âmes fortes appelées au gouvernement et à la direction des destinées de tous les pays où elles respirent.

Telles sont les causes rapportées par Diodore de Sicile (32) du peu de durée du pétalisme que les Syracusains, frappés de ses inconvéniens, abrogèrent par une loi expresse.

Sans justifier l'ostracisme des Athéniens, on peut dire que leur loi étoit faite avec plus de prudence. En effet la précaution de n'y soumettre jamais qu'une seule personne (33), en rendoit les suites moins funestes à la République que ne l'étoient celles du pétalisme qni s'attachoit à plusieurs et les frappoit ensemble. Le pétalisme ôtoit en un jour à Syracuse tous ses appuis. Athènes, par l'ostracisme, n'en perdoit qu'un, les autres lui restoient ; et le peuple n'avoit pas tous les jours la faculté de se nuire à lui-même par de semblables proscriptions qui ne revenoient qu'au bout d'un certain temps.

____

(32) Diod. Sicul. lib. 11.
(33) Montesq. *Esprit des Lois*, liv. 29. ch. 7.

C'est tout ce que je puis dire en faveur de l'ostracisme.

Mais je ne cesserai point, malgré ses partisans qui s'étayent d'une autorité respectable qui n'est pas toujours sûre, je ne cesserai point de m'élever contre l'injustice et les abus d'une loi qui souilla la liberté de la première république de la Grèce. Je ne cesserai point de dire qu'un peuple qui peut se vanter d'avoir conquis la sienne, ne doit point la profaner par un si déshonorant usage, et qu'il faut que tous les gens de bien se rallient pour repousser la frénésie de ces charlatans exagérés du patriotisme qui, sous un voile respectable, cachant leur perfidie, attaquent impunément la vertu qu'ils redoutent. Je ne cesserai point de dire au peuple: Défiez-vous de ces nouveaux Hyperbolus qui se disent vos amis, et qui ne veulent que vous défaire de vos Alcibiades et de vos Nicias, afin de pouvoir sûrement vous enchaîner, ainsi que le brigand qui médite de ravir un troupeau, cherche à en écarter d'abord le fidèle gardien qui veille à sa défense. Je ne cesserai point de m'élever contre l'ingratitude ; et si je puis avoir quelque énergie, je l'emploirai à faire passer dans toutes les âmes tous les mouvemens d'indignation que ressent la mienne , alors que je considère quelle fut la conduite d'Athènes envers ses plus grands hommes !

Ma pensée me transporte dans cette ville dont la gloire a rempli l'univers. J'admire ses monumens , ses temples ; mais mon œil y cherche en vain ce qui la rend plus illustre : je ne vois point Aristide. Je demande Aristide ; je demande successivement en parcourant les différentes époques, où est Thémistocle, où est Cimon , où est Thucydide? O Athènes, qu'as-tu fait d'Aristide et de tous ces grands personnages qui honoroient ton enceinte? Le peuple me répond : Je les ai chassés.

Quoi ! cet Aristide, le plus juste des Grecs, ce miroir parfait de modération et de continence, ne put échapper à l'iniquité des jugemens de l'envie ; et l'on vit exiler en sa personne toutes les vertus dont il étoit le modèle (34)! Eh qu'avoit-il donc fait? rien. Mais ses vertus étoient des crimes pour un rival dont l'ambition redoutoit sa présence ;

____

(34) Val. Max. lib. 5, cap. 3.

et le peuple , aveugle instrument des passions de ceux qui le conduisent , ne se trouva
que trop enclin à revenir de la haute idée
qu'il avoit conçue d'abord de l'équité d'Aristide. Jusque-là on avoit vu la plupart des
citoyens le prendre pour arbitre de leurs
différens , et s'en rapporter à lui sans réserve
sur leurs intérêts les plus chers , en sorte
que son avis inspiroit le même respect qu'un
jugement de l'Aréopage. Mais des délateurs
malicieusement suscités empoisonnèrent ses
intentions , et semèrent partout qu'en jugeant
par lui-même tous les procès des particuliers
qui se présentoient à lui, il rendoit inutiles les
tribunaux établis pour l'administration de la
justice ; que , sous les apparences de la pro-
bité , son véritable dessein étoit de dépouiller
insensiblement les magistrats de leur autorité , pour s'en revêtir seul par la confiance
du peuple qu'il vouloit s'attirer toute entière ;
et qu'enfin cette marche n'étoit qu'un moyen
sûr d'arriver à la souveraine puissance d'un
monarque , sans avoir besoin de gardes ni de
satellites (35).

---

(35) Plutarch. in Aristid.

Il n'en falloit pas davantage pour que les délateurs eussent raison auprès de ce peuple méfiant et jaloux qui, depuis la victoire de Marathon, étoit devenu, dans l'ivresse de ses succès, si insolent et si fier, qu'il se trouvoit blessé à la vue de tout mérite éminent qui paroissoit s'élever au-dessus des autres. La gloire d'un citoyen lui sembloit diminuer la sienne.

Et ce qui doit bien convaincre que ce ne fut que la grande réputation de justice d'Aristide qui le fit exiler par l'ostracisme, c'est ce qui lui arriva à lui - même dans l'assemblée le jour de son bannissement. Un particulier qui ne savoit pas écrire, s'adressa à lui sans le connoître, comme au premier venu, pour le prier de vouloir bien mettre sur son bulletin le nom d'Aristide. Celui-ci, fort étonné de la proposition, ne put s'empêcher de lui demander quel mal lui avoit fait Aristide pour le bannir. A quoi cet homme répondit : Il ne m'en a fait aucun, je ne le connois même pas; mais je suis las de l'entendre partout nommer *le Juste*. Aristide, sans rien répliquer, écrivit son nom sur le bulletin, et le remit à ce particulier qui ne se douta pas d'avoir ainsi fait servir Aristide d'instrument à un suffrage donné contre lui-même (36).

Ce fut donc la justice qu'Athènes condamna dans la personne d'Aristide, ou plutôt ce fut sa renommée. Mais comment ne vit-elle pas que c'étoit se condamner elle-même, que d'exiler celui qu'elle devoit surtout conserver pour l'exemple des autres citoyens? Comment ne vit-elle pas que la renommée de l'homme juste ne serviroit qu'à rendre plus éclatante la honte dont elle

---

(36) Plutarch. in Aristid.

Cette anecdote rapportée par Plutarque n'est pas racontée de la même manière par Cornelius Nepos. Ce dernier ne fait pas écrire le suffrage par Aristide lui-même, mais il dit qu'Aristide ayant apperçu un citoyen qui écrivoit son suffrage pour le bannir, il s'approcha de lui pour lui demander par quel motif il se portoit à cette condamnation. A cette circonstance près, dans laquelle ils diffèrent, les deux récits s'accordent parfaitement, la réponse du particulier y est exactement la même, il vouloit bannir Aristide, parce qu'il étoit fâché de la réputation de justice que ce grand homme s'étoit efforcé d'acquérir. *Corn. Nep. in Aristid.*

se couvroit en le condamnant? Oui, tant que subsistera la mémoire d'Athènes, le souvenir de ce jugement d'Aristide s'élèvera à jamais contre elle.

Et que les partisans de l'ostracisme ne disent pas que le penchant d'Aristide pour l'aristocratie (37) ait ici influé en rien sur le jugement du peuple. Certes, si c'eût été là une cause de bannissement, celui qui affectoit de montrer des principes et des sentimens opposés eût pu aisément s'y soustraire. Quel homme en effet parut plus vouloir favoriser l'état démocratique que Thémistocle? Qui plus que lui chercha jamais à se rendre agréable au peuple (38)? Cependant ce même peuple ne l'en récompensa pas autrement que par le ban de l'ostracisme. Il oublia tant de victoires et de services rendus à l'état; il oublia à qui il devoit tant de richesses, de grandeur et de puissance; il oublia qui l'avoit fait le premier peuple de la Grèce. Thémistocle, forcé de fuir loin de son ingrate patrie, vit la per-

---

(37) Plutarch. in Aristid.
(38) Plutarch. in Themist. et in Aristid.

sécution s'attacher à lui jusqu'au lieu de son exil, et il n'eut d'autre ressource enfin que d'aller chercher un asile dans l'humanité d'Artaxercès. Mais ce roi, dont le père avoit été vaincu par Thémistocle, ne refusa point une généreuse pitié à la misère d'un vainqueur poursuivi par ceux-mêmes qui jouissoient de ses triomphes (39).

Quel autre encore devoit plus se flatter de l'amour du peuple que Cimon dont la libéralité n'avoit point de bornes? Il étoit le plus riche d'Athènes; mais c'étoit pour le bonheur des pauvres avec lesquels il partageoit son bien. Il avoit fait ôter toutes les clôtures de ses terres et de ses héritages, afin que chacun eût la liberté d'y venir prendre tout ce qui lui étoit nécessaire pour l'usage de la vie. Sa table n'étoit pas somptueuse, mais elle étoit ouverte à tous les infortunés. Son humanité s'étendoit à tout; souvent il se dépouilloit de ses habits pour en couvrir ceux dont le vêtement annonçoit l'indigence. Ses domestiques avoient ordre de porter toujours sur eux une assez grande

---

(39) Plutarch. et Corn. Nep. in Themist.

quantité d'argent pour subvenir sur-le-champ aux besoins de ceux dont la nécessité chercheroit son passage. Il craignoit qu'un délai de la bienfaisance ne parût un refus. Nul ne se montra plus obligeant que lui envers ses concitoyens. Il ne nuisit à personne. Il fut utile à quiconque reclama sa protection et son assistance. Plusieurs ne durent leur fortune qu'au bon emploi de la sienne (40). Eh bien ! l'ostracisme encore paya tant de bienfaits. Cimon fut banni, Cimon qui par ses expéditions militaires n'étoit pas moins grand que Thémistocle, Cimon reçut le même prix de ses services. Athènes, victorieuse par lui, n'eut pas honte, en profitant de ses victoires, d'éloigner d'elle celui qui l'avoit fait vaincre, comme si elle eût craint que sa présence ne fût pour elle un reproche de vouloir s'en attribuer à elle seule tout l'honneur. Ainsi la république se priva d'un soutien nécessaire à sa gloire ; ainsi le peuple priva le peuple des secours d'un citoyen généreux que les pauvres pouvoient justement appeler leur tuteur et leur père.

(40) Plutarch. et Corn. Nep. in Cimone.

Ce fut l'envie qui fit bannir Aristide; ce fut l'envie qui fit bannir Thémistocle; ce fut l'envie qui fit bannir Cimon, l'envie encore fit bannir Thucydide.

Thucydide, allié de Cimon, succéda au crédit de celui-ci. Sa réputation militaire avoit moins d'éclat; mais il n'étoit pas moins grand par ses talens politiques. Il porta au maniement des affaires les saines maximes de Cimon, et sa sagesse dans le conseil balançoit souvent l'autorité de Périclès, dont il blâmoit les dépenses excessives qui alloient à l'épuisement du trésor public, et qui embellissoient moins la ville qu'elles ne corrompoient les mœurs (41). Périclès plus populaire dans ses manières, quoiqu'au fond il le fut moins, mais plus ambitieux, plus adroit, arma l'envie du peuple contre son rival, et le fit bannir par l'ostracisme (42); et le peuple ne s'apperçut point qu'en perdant celui qui étoit le plus solidement attaché à la défense de ses intérêts, il se donnoit un maître dans Périclès.

---

(41) Plat. in Gorg.
(42) Plutarch. in Pericl.

Tout mérite étoit tellement envié à Athènes, qu'on ne pardonnoit pas même à ceux qui se tenoient éloignés des affaires publiques d'avoir un talent qu'on pût remarquer. Damon le sophiste qui avoit donné des leçons de musique à Périclès dans sa jeunesse, mais qui d'ailleurs ne s'étoit jamais mêlé du gouvernement, subit le sort de l'ostracisme, uniquement parce qu'il sembloit au peuple qu'il étoit trop sage (43).

Qu'ils furent grands ces illustres bannis qui, dans leur exil, loin de se livrer à aucun ressentiment de vengeance, conservèrent encore l'amour de leur ingrate patrie ! Aristide fuyant sa ville, lève au ciel ses mains pures et innocentes, et conjure les Dieux de détourner loin d'elle tout événement fâcheux qui pourroit la contraindre à se souvenir de lui (44). Thémistocle, réfugié chez Artaxercès, se trouve chargé du commandement d'une armée que ce prince lui confie pour faire la guerre aux Athéniens. Il ne veut point désobliger celui qui l'a accueilli dans

------

(43) Plutarch. in Aristid.
(44) Plutarch. in Aristid.

sa disgrâce ; il ne veut pas non plus porter les armes contre sa patrie : il finit volontairement ses jours par le poison (45). Cimon ne peut se tenir dans l'oisiveté de l'exil, dès qu'il apprend que ses concitoyens sont aux mains avec ceux de Lacédémone. Il enfreint son ban, il accourt avec ses armes prendre son rang dans sa tribu. Il veut combattre, il veut mourir pour sa patrie ; mais on refuse de le recevoir, on calomnie sa vertu, on crie partout dans le camp qu'il n'est venu que pour troubler l'ordre de bataille, afin de favoriser les Lacédémoniens. Cimon n'insiste pas ; mais avant de se retirer, il exhorte ses plus fidèles amis à combattre vaillamment, et à laver dans le sang ennemi l'injure d'un soupçon qu'ils partagent avec lui. Tous ces braves hommes, au nombre de cent, lui en donnent leur parole ; ils retiennent son armure qu'ils placent au milieu d'eux comme un sûr garant de la mort ou de la victoire ; et chacun se conduit si bien que tous meurent les armes à la main (46), et ne laissent

---

(45) Plutarch. in Themist.
(46) Plutarch. in Cim.

à Athènes que le regret d'avoir méconnu
les seutimens d'un grand homme, et d'en
avoir calomnié les amis.

Je m'étonne, j'admire, je suis saisi de
respect à la vue de ces traits de courage et
de grandeur d'âme ; mais l'idée de l'ingratitude des Athéniens me poursuit, et je ne
puis me lasser d'en inspirer l'horreur. Toutes
les pages de leur histoire sont souillées du
récit de semblables faits. Thésée, fondateur
de la république, meurt relégué dans l'île
de Scyros (47) ; Solon, qui lui donna des
lois, est forcé de fuir dans l'île de Chypre
où il termine sa vieillesse (48) ; Socrate,
l'honneur d'Athènes et de toute la Grèce,
boit la ciguë (49) ; Miltiade meurt dans les
fers (50) ; Phocion, le plus homme de bien
de son temps, finit ses jours dans les sup-
plices, et n'a pas même, après sa mort, un
lieu dans toute l'Attique pour sa sépul-

---

(47) Plutarch. in Thes. Val. Max. lib. 5, cap. 3.

(48) Val. Max. lib. 5, cap. 3.

(49) Plat. Diogen. Laërt.

(50) Corn. Nep. in Miltiad.

ture (51). Je ne puis faire un pas autour du territoire d'Athènes, que je n'y recueille les ossemens de quelque grand homme qui dépose de son ingratitude. Je m'arrête... O mes concitoyens, en retraçant ce tableau de la conduite d'Athènes envers ceux qui la servirent, puissé-je ne pas avoir d'avance fait votre histoire!

Mais la loi de l'ostracisme chez les Athéniens ne fut pas moins funeste à la république qu'elle étoit odieuse, et je ne puis terminer ce discours sans combattre l'avis de Montesquieu qui la trouve admirable et utile (52); car rien n'est plus préjudiciable

---

(51) Plutarch. Corn. Nep. in Phocion. Val. Max. lib. 5, cap. 3.

(52) Montesquieu, *Esprit des Lois*, liv. 26, chap. 17, et liv. 29, chap 7.

L'auteur se fonde principalement sur ce qu'Aristote a dit que cette pratique a quelque chose d'humain et de populaire, quoique ce philosophe eût dit d'abord que les démocraties en usent à cet égard ni plus ni moins et par les mêmes motifs que les tyrans. *Arist. Polit. lib. 3, cap.* 13. Mais ce ne sont pas les autorités qu'il faut consulter ici, c'est la raison, c'est l'expérience, c'est surtout la justice.

dans les sciences, et surtout dans les sciences morales et politiques, que l'erreur accréditée d'un grand homme.

Le but de l'institution de l'ostracisme étoit sans doute de conserver parmi les citoyens l'égalité d'où dépend la liberté ; mais l'égalité absolue est impossible, elle n'existe point dans la nature, il n'y a que la mort qui égale tout ; la mort seule fait tout ressembler, la vie fait tout dissembler : l'égalité absolue est une chimère dans l'ordre moral et politique. Tous ne peuvent pas gouverner, tous ne peuvent pas administrer, tous n'en ont pas les talens, très - peu au contraire en sont capables. Il est donc de l'intérêt de toute république de conserver le petit nombre d'hommes auxquels on peut confier le maniement des affaires. Il est utile surtout que la puissance de ceux qui gouvernent et qui administrent, soit contrebalancée par des compétiteurs en état de s'opposer à des opérations arbitraires, sans cela l'autorité peut se trouver réunie dans une seule main, et alors la liberté est en danger. Et c'est ce qui est arrivé plus d'une fois à Athènes où des hommes habiles ont su profiter de l'ostracisme pour augmenter leur crédit et leur puissance par l'éloignement de ceux qui pouvoient traverser leur ambition. Thémistocle fit bannir Aristide, et jouit d'une autorité plus grande qu'auparavant (53). Périclès usa du même moyen pour se débarrasser de Cimon, dont la grandeur nuisoit à son envie de tout dominer (54). Il eut encore recours à l'ostracisme pour écarter Thucydide, devenu pour lui un concurrent redoutable (55); et par-là il se trouva seul à la tête du gouvernement, et changea bientôt de ton et de manières à l'égard du peuple, lui qui d'abord avoit affecté de se montrer excessivement populaire. Personne plus que lui ne gouverna despotiquement. Il enleva de sa seule autorité le trésor de la Grèce qui étoit en dépôt à Délos, et en détourna l'emploi à la construction des édifices dont il orna la ville d'Athènes. Il disposa seul des revenus publics sans en rendre aucun compte, et fit

---

(53) Plutarch. in Themist.
(54) Plutarch. in Pericl. et in Cimon
(55) Plutarch. in Pericl.

si bien qu'il se maintint pendant près de soixante ans dans sa puissance absolue, ayant toute l'autorité d'un roi sans en avoir le titre.

La loi de l'ostracisme produisoit donc un effet contraire au but de son institution, puisqu'au lieu de rétablir l'égalité, elle ne servoit souvent qu'à mieux la détruire en contribuant à l'agrandissement d'un citoyen dont elle écartoit les concurrens.

Le peuple reconnut quelquefois le tort qu'il avoit eu de bannir des citoyens utiles ; mais il falloit que la république fût dans un péril imminent, pour qu'il se déterminât à les rappeler avant le terme que la loi mettoit à leur exil. Xercès étoit déjà dans la Grèce avec une puissante armée, lorsqu'Aristide fut rappelé (56). Cimon ne fut également rappelé qu'après la perte d'une bataille, qui fit sentir aux Athéniens la nécessité de son retour (57).

Mais ce qui porta le plus grand coup à la république, ce fut l'exil de Thucydide.

____

(56) Plutarch. et Corn. Nep. in Aristid.
(57) Plutarch. in Cimon.

Par ce moyen, Périclès affermit son autorité ; il accoutuma le peuple à sa domination, et quand le peuple vint une fois à sentir le joug que ce maître habile avoit eu soin de lui cacher, il n'eut plus la force de le secouer. Périclès sut l'occuper par d'autres soins importans ; et craignant pour lui-même l'effet de l'ostracisme dont il s'étoit si bien servi pour faire exiler ses rivaux, il chercha à se rendre nécessaire. Il alluma la guerre du Péloponèse (58), qui dans la suite eut une si funeste issue pour sa patrie. Lisandre mit le siége devant Athènes, s'en empara, démolit ses murailles, brûla ses galères, changea la forme du gouvernement, et la république fut détruite par l'établissement des trente tyrans (59).

Et maintenant qu'on juge si la loi de l'ostracisme fut une loi admirable et utile!

Non, il n'est rien d'admirable et utile, même en politique, que ce qui est conforme aux règles générales de cette justice que la nature a gravées en caractères éternels dans

---

(58) Plutarch. in Pericl.
(59) Plutarch. in Lisand.

tous les cœurs ; et ce remède violent dont l'emploi ne peut se pardonner qu'une fois peut-être dans les crises d'une révolution, et dans les maux désespérés d'une république naissante assez robuste pour en soutenir l'épreuve ; ce remède violent, dis-je, réitéré avec imprudence dégénère infailliblement en un poison politique fait pour détruire le corps social le mieux constitué. Il tue les hommes énergiques et sages, et les états qui ne se soutiennent que par eux. Et *comment* en effet *aspirer à la gloire de servir sa patrie, quand la jalousie et l'imposture vous attendent au moment du triomphe pour vous calomnier et vous proscrire* (60)? C'est là ce que se demandoit dans un ouvrage qui respire la plus douce philantropie, cet écrivain laborieux dont les profondes recherches nous préparoient depuis plusieurs années une histoire complète de la législation des anciens peuples. Homme vertueux et vraiment digne d'une meilleure destinée, dont la présence est regrettée par tous les amis de la philosophie et des lettres, toi

(60) Pastoret, des lois pénales, part. 2, pag. 119.

que je cherche aujourd'hui en vain parmi cette compagnie savante où j'aimois à me trouver assis près de toi, tu étois loin de croire à mes pressentimens, lorsque je t'annonçois le nouveau coup du sort qui te fait une seconde fois errer de contrée en contrée, jusqu'à ce qu'un jour l'amitié puisse plaider utilement ta cause ; mais du moins tu respires, et quelque part où tu sois, tu vis toujours pour l'humanité, tandis que la tombe renferme pour jamais l'illustre et malheureux Condorcet, dont l'esprit lumineux et étendu servit si bien les sciences et la liberté. Il a péri pour nous, victime du plus sanglant ostracisme qui fût jamais. A ce nom, la plume tombe de mes mains.....
Aucuns honneurs encore n'ont été décernés à sa mémoire !

F I N.

www.ingramcontent.com/pod-product-compliance
Lightning Source LLC
LaVergne TN
LVHW022357170726
843503LV00008B/3681